Martin Baxendale

Ihre Ehefrau

Gebrauchsanleitung

6. Auflage 2010

© Copyright 2005 by Martin Baxendale

© für die deutsche Ausgabe: Eichborn AG,
Frankfurt am Main, März 2005
Lektorat: Oliver Thomas Domzalski
Umschlaggestaltung: Christiane Hahn
Gesamtherstelllung: Fuldaer Verlagsanstalt, Fulda
ISBN 978-3-8218-4919-5

Alle Rechte vorbehalten, insbesondere das Recht der mechanischen, elektronischen oder fotografischen Vervielfältigung, der Einspeicherung und Verarbeitung in elektronischen Systemen, des Nachdrucks in Zeitschriften oder Zeitungen, des öffentlichen Vortrags, der Verfilmung oder Dramatisierung, der Übertragung durch Rundfunk, Fernsehen oder Video, auch einzelner Text- und Bildteile, sowie der Übersetzung in andere Sprachen. Der gewerbliche Weiterverkauf oder gewerbliche Verleih von Büchern, CDs, CD-ROMs, DVDs oder Videos oder anderen Produkten der Eichborn AG bedürfen in jedem Fall der schriftlichen Genehmigung.

Eichborn Verlag, Kaiserstraße 66, D-60329 Frankfurt am Main
Mehr Informationen zu Büchern und Hörbüchern aus dem Eichborn Verlag finden Sie unter www.eichborn.de

EINFÜHRUNG

Mit Hilfe dieser leicht verständlichen Gebrauchsanweisung kann selbst der unbegabteste »Ehefrauen-Eigner« (Frau Baxendale bestand darauf, diese ihrer Ansicht nach auf lächerlichem Irrglauben beruhende Bezeichnung in Anführungsstriche zu setzen) in kürzester Zeit zum Experten heranreifen, der mühelos mit seiner Ehefrau umgehen, mit ihr arbeiten, für sie sorgen, und vor allem: sie befriedigen kann.

Tatsächlich ist diese Handbuch das ideale Geschenk für den traurigen, weil hilf- und ratlosen männlichen »Ehefrauen-Halter« (dito), der keinen blassen Schimmer davon hat, wie komplex Ehefrauen sind und wie er mit diesem komplizierten und störanfälligen Mechanismus umzugehen hat.

Zu unserem Stolz können wir jedem Mann (selbst dem rohesten Tölpel), der diese Gebrauchsanweisung liest und die darin enthaltenen Bediener-Hinweise strikt befolgt, eine lebenslang glückliche und störungsfreie Nutzung des weiblichen Modells seiner Wahl inklusive ekstatischer Glücksmomente und tiefer sexueller Erfüllung GARANTIEREN.*

* Natürlich haben Sie alternativ auch die Möglichkeit, Ihre angeborenen männlichen Verhaltensweisen hemmungslos auszuleben, einen kompletten Idioten aus sich zu machen, das Beste, was Ihnen je passieren konnte, mit Füßen zu treten und als trauriger alter Hagestolz zu enden, der mit einem Bierbauch in der Kneipe hockt, von Zeit zu Zeit neben niveaulosen Schlampen aufwacht und sich ansonsten mit aufblasbaren Sex-Puppen trösten muß.

Teil 1: Ihre Ehe

VOR INBETRIEBNAHME

Bei entsprechender Sorgfalt und steter Beachtung der Pflegehinweise sollte Ihre EHE ein Leben lang halten*. Diese leichtverständliche Bedienungsanleitung ist so angelegt, daß Sie Ihnen viele, viele Jahre reibungsloses Funktionieren und störungsfreie Ehefreuden ermöglicht.

Das strikte Einhalten der hier vorgeschlagenen Instandhaltungs- und Pflegeinstruktionen reduziert die betriebsbedingten Abnutzungserscheinungen auf ein Minimum, verringert das Risiko schwerwiegender Pannen und Unfälle sowie daraus resultierender Reparaturen und verlängert die Lebensdauer Ihrer ehelichen Gemeinschaft. Insbesondere sind die hier empfohlenen Serviceschritte dazu geeignet, die nervliche Belastung der Hauptkomponenten der EHE (Ehemann/Ehefrau) in erträglichen Grenzen zu halten und damit die üblichen Ursachen irreparabler Defekte von vornherein auszuschließen. Die meisten Instandhaltungs- und Pflegeinstruktionen können mühelos zu Hause oder in einem Hotel durchgeführt werden, ohne daß es dazu der Anwendung von Spezialwerkzeug oder abartigen Zubehörs bedarf.

* Zur Beachtung: Diese lebenslange Ehesegen-Garantie gilt ausschließlich für den Modelltyp XR3I ›Glücklich verheiratet‹.

Lieferbedingungen

Wir möchten uns für jedwede Lieferverzögerung Ihrer langersehnten Heirat entschuldigen, doch gleichzeitig darauf hinweisen, daß wir leider keinerlei Haftung für von uns nicht zu verantwortende Zustellprobleme übernehmen können, da diese zumeist durch von uns nicht vorhersehbare Umstände verursacht werden; so etwa wiederholte Zurückweisung, Fehlstarts infolge mangelndem Einverständnis sowie persönliche Problemfaktoren wie Pickel, Schweißfüße, Schuppen, galoppierende Schüchternheit, Verklemmtheit oder weitere näher nicht beschreibbare Defekte im Sozialverhalten.

Herstellerhinweis

Darüber hinaus bedauern wir, darauf hinweisen zu müssen, daß EHEN, anders als landläufig gerne angenommen wird, keineswegs im Himmel gestiftet werden, sondern vielmehr ein Produkt verschiedener Herkunftsländer, sozialer Gegebenheiten, zufälliger Situationen, persönlicher Beziehungen und schließlich auch ein reines Würfelspiel sind.*

Unglücklicherweise sind der Herstellungsstandard und die Produkt-Zuverlässigkeit nicht imstande, sämtliche Ihrer hochgesteckten Ideale und hochromantischen Träume vollkommen zu befriedigen. Zeitraubende und aufwendige Instandhaltungsarbeiten, zahlreiche Bagatellreparaturen und immer neue Generalüberholungen werden daher unumgänglich sein, um Ihre EHE in Schuß zu halten und vorzeitige Trennung schon beim kleinsten Knatsch oder Seitensprung zu vermeiden. Sorry.

* Bitte beachten Sie: Ihre EHE ist außerdem das Produkt von mehr als einer Person. Versuchen Sie, das nie zu vergessen.

Reiseziele, zu denen Ihre EHE Sie führen kann

Sofern Sie die grundlegenden Bedienerschritte Ihrer EHE eingeübt haben (siehe dazu die folgende Lerneinheit), können Sie aus dem reichhaltigen und aufregenden Reise-Angebot wählen: Und-wenn-sie-nicht-gestorben-sind-Land, einmal Hölle und zurück, Land der goldenen Hochzeit, Ehen vor Gericht. Wir empfehlen dringend ein umfassendes Kartenstudium *vor* Antritt der Reise.

Grundfunktionen und Steuervorrichtungen

Die zwei unverzichtbaren Komponenten einer neuen EHE (siehe Schaubild) sollten einfach zu erkennen und zu lokalisieren sein (es sei denn, einer der beiden ist andauernd »Mit den Jungs einen heben«, »Eben noch mal auf 'n Bierchen«, »Mit den Mädels einen heben«, »Überstunden machen« usw.).

Detaillierte Kenntnisse über die Funktionsweise dieser beiden Hauptkomponenten sind die unabdingbare Voraussetzung für die Instandhaltung, Pflege und Notfallreparaturen Ihrer neuen EHE und ersparen Ihnen viel Zeit und unnötigen Ärger.

In Ihre neue EHE reinkommen:
Kein Problem. Das Rauskommen kann hingegen weitreichende Schwierigkeiten mit sich bringen (vergleiche dazu den untenstehenden Warnhinweis).

1. Verbinden Sie die Komponente A mit Komponente B
2. Unterbrechen Sie die Verbindung zu alten Freunden/ Freundinnen
3. Springen Sie in die EHE
4. Schlagen Sie Türen zu

Hauptkomponenten: Ehemann (A), Ehefrau (B)

Warnung: Infolge eines unglückseligen Produktionsfehlers, der die Türen Ihrer neuen EHE blockiert, sobald sie zugeschlagen werden, werden Sie unweigerlich Mühe haben, aus- und einzusteigen, wie's Ihnen gerade paßt (siehe dazu auch »Pannenhilfe« auf Seite 23).

Starten Ihrer EHE:
Beachten Sie den Gebrauch des Zündschlüssels (Anmerkung des Herausgebers: Wir hätten hier natürlich auch eine schlüpfrigere Variante abbilden können, haben uns aber nicht getraut).

Treibstoff-System:
Ihre neue EHE ist mit einem fortschrittlichen High-Tech-Treibstoff-System ausgestattet – es benötigt regelmäßiges Auffüllen mit Liebe und Kohle, um störungsfrei zu funktionieren. Der Treibstoffverbrauch ist je nach Modell höchst unterschiedlich und ist überdies starkt abhängig von schlechten Fahrgewohnheiten (siehe dazu »Beschleunigung«) oder gefährlicher Überladung mit nicht-ehelichen Passagieren und nicht DIN-geprüftem optionalen Zubehör (siehe dazu Seite 12).

Steuervorrichtungen

Lassen Sie sich Zeit und machen Sie sich nach und nach mit den Steuervorrichtungen Ihrer neuen EHE vertraut, bevor Sie auf der Lebensautobahn einfach so losrasen. Die strikte Beachtung dieser Steuerungssysteme kann Ihnen so manchen unangenehmen Zusammenstoß sowie gefährliche Schlaglöcher ersparen.

Die grundlegendsten Steuerungsvorrichtungen, die vor allem von EHE-Anfängern beherrscht werden sollten, sind: Ja-Sagen, Nein-Sagen, Sich-Bremsen. Natürlich kann keinerlei Garantie gewährleistet werden, daß diese Systeme im Ernstfall auch wirklich funktionieren, aber üben sollten Sie trotzdem.

Ebenso sollten Sie beachten, daß Ihre neue EHE standardmäßig mit einem dualen Steuerungssystem ausgestattet ist. Um Auseinandersetzungen über die Geschwindigkeit, die Fahrtrichtung, das Abbremsen usw. zu vermeiden, sollten Sie sich einigen, wie schnell und wohin Sie fahren wollen.

Fahrtrichtung: Infolge grundlegender Konstruktionsmängel läßt es sich häufig nicht vermeiden, daß Sie das Gefühl bekommen, Ihre EHE fährt in die ganz falsche Richtung. Als ausgesprochen hilfreich hat es sich erwiesen, wenn zwischen Fahrer und Beifahrer Übereinstimmung über das gemeinsame Fahrtziel besteht (siehe dazu den obigen Hinweis über duale Steuerungssysteme).

Geschwindigkeit: Plötzliche Beschleunigung – um möglichst schnell an ein Wunschziel des Fahrers oder Beifahrers zu gelangen (z. B. in ein schmuckes Reihenhaus mit drei Kindern) – verursacht ein exzessives Ansteigen des Treibstoffverbrauchs (siehe dazu den Hinweis über das Treibstoff-System).

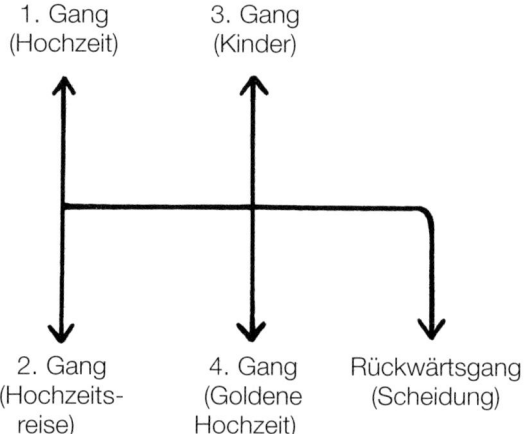

Gangschaltung: Vermeiden Sie es unbedingt, versehentlich den Rückwärtsgang statt des 4. Gangs (siehe obige Skizze) einzulegen. Dieses Mißgeschick unterläuft leider recht häufig, besonders nach dem übertriebenen Gebrauch des 3. Gangs.

Bremsen: Wir bedauern außerordentlich, daß Ihre EHE standardmäßig ohne wirksame Bremseinrichtung geliefert wird und es infolgedessen schwierig ist, sie zum Anhalten zu bringen (siehe dazu auch »Pannenhilfe« auf Seite 23).

Vollgas und Choke-Ziehen: Warnung! Vermeiden Sie unbedingt den häufigen Gebrauch von Vollgas und Ihres Chokes, egal wie notwendig es Ihnen vor allem in kritischen Situationen auch erscheinen mag. Vor allem im Stadium ernsthafter EHE-Krisen wird dadurch alles nur noch schlimmer.

KOMFORTAUSSTATTUNG

Umfangreiche Serienausstattungen und luxuriöse Sonderausstattungen wurden speziell für Ihre neue EHE konzipiert und machen das Fahren zu einem komfortablen Vergnügen.

Sex-Drive-System: Ein überaus wertvoller Bestandteil Ihrer neuen EHE, unverzichtbar für ruhige und effektive Laufleistungen Ihres EHE-Motors. Ein bißchen damit zu experimentieren und rumzuspielen läßt bei längeren Fahrten keine Langeweile aufkommen.

Das Sex-Drive-System ist bei den meisten Modellen serienmäßig. Falls Sie bei der Anlieferung Ihrer neuen EHE feststellen sollten, daß es versehentlich nicht eingebaut wurde oder wichtige Teile fehlen (oder sich nicht bewegen bzw. bewegen lassen), ist dies zweifellos ein Umtauschgrund und kann zum Rückruf Ihrer neuen EHE ins Werk führen.

Sex-Over-Drive-System: Exzessiver und wahlloser Gebrauch des Sex-Drive-Systems (siehe dazu auch »Optionales Zubehör« auf Seite 15) kann möglicherweise zu schwerwiegenden Störungen der beiden Hauptkomponenten führen und einen totalen System-Kollaps herbeiführen.

Sex-Kur: (siehe dazu auch »Sex-Drive-System«) Das maßgebliche Schwungrad Ihrer EHE. Mit seiner Hilfe gleichen Sie die unvermeidlichen Schlaglöcher und Zusammenstöße wieder aus.

Innenraum: Unter normalen Fahrbedingungen bietet Ihr neues EHE-Modell (je nach Typ und Ausführung) geräumige Fuß- und Kopffreiheit. Dennoch kann es bei längeren Fahrten, besonders beim Transport kleiner Passagiere (siehe dazu Seite 12), mitunter ein bißchen eng werden. In solchen Fällen ist es sicher dienlich, wenn Sie und Ihr Beifahrer einander von Zeit zu Zeit ein wenig Zusatzraum verschaffen. Im Falle einer Panne werden Sie darüber hinaus bemerken, wie gut es ist, eine Weile aus der Mühle rauszukommen und die Beine mal ganz ungehindert auszustrecken.

Belüftung: Wir empfehlen dringend, daß Sie Ihre neue EHE in regelmäßigen Abständen gut durchlüften. Besonders wenn Sie für reine Luft während der Pannenhilfe und dringender Reparaturen sorgen wollen (siehe dazu auch Seite 20) sowie beim Transport plötzlich übelriechender kleiner Passagiere.

SICHERHEITSSYSTEME

Sicherheitsgurte: Zu Ihrer eigenen Sicherheit empfehlen wir Ihnen keineswegs, Ihre Mitfahrer sowie eventuell mitfahrende kleinere Passagiere in ihrer verbalen Bewegungsfreiheit einzuschränken. Dagegen erscheint es uns ratsam, wenn Sie sich ab und zu (notfalls mit Hilfe der Gurte) zurückhalten und den anderen endlich mal die Chance geben zu sagen, wo's langgehen soll.

Rücksitzfahrer: Diese sollten sich natürlich immer zurückhalten – außer wenn sie wirklich konstruktive Kritik anzubringen haben, wie etwa: »Paß auf!« oder »Oh Gott, gleich gibt's ein Unglück!«

Kindersicherung: Der Gebrauch der Kindersicherung ist dringend geboten, wenn Sie es vermeiden wollen, daß allzu viele kleine Passagiere in Ihrer neuen EHE herumtoben und auf den Rücksitzen Unfug treiben. Ihr Arzt oder Pro Familia können Ihnen bei der Auswahl der für Sie passenden Kindersicherung behilflich sein. Beachten Sie bitte, daß Ihre EHE eine Ladefähigkeit von 2 Fahrern und 2,5 kleinen Passagieren hat. Versuchen Sie, eine gefährliche Überladung zu vermeiden, was in der Regel die guten Fahreigenschaften mindert und den Treibstoffverbrauch erheblich steigert.

Rundumsicht: Unter normalen Bedingungen sollte die Rundumsicht in Ihrer neuen EHE optimal sein. Doch bei widrigen Straßenverhältnissen werden Sie und Ihr Beifahrer feststellen, daß Sie keinen Schimmer haben, wohin die Reise geht. Unser Rat: Fuß vom Gas und mal ganz abschalten (siehe dazu auch »Regelmäßige Pflege und Wartung« – »Entfrosten«, Seite 16).

Warnung! Das Bekleben der Windschutz- und Heckscheibe mit »Fahrer träumt von seiner Ehefrau«-, »Wir sind das Paar des Jahres«- oder »Glückliche Familie an Bord«-Aufklebern kann Ihre Sicht auf die reale Welt verstellen und führt zu ernsthaften Verkehrsgefährdungen.

Empfohlene Fahrer-Positionen

Reden   Nicht-Reden   Streiten   Versöhnen

Nutzung des Sex-Drive-Systems   ...usw...

Fahreigenschaften

Erwarten Sie von Ihrer neuen EHE nicht die Fahrleistungen eines Ferrari oder Porsche. In der Regel kommen Sie über einen durchschnittlichen Golf nicht hinaus. Aber bedenken Sie, was für ein unverwüstliches, langstreckentaugliches Fahrzeug das ist, mit dem Sie garantiert überall hinkommen, na ja, fast überall.

Interesse an einem neuen Modell

Sollten Sie von Ihrer EHE genug haben, ist es zunächst ein sehr verführerischer Gedanke, sich nach einem moderneren Modell umzusehen. Doch das kann sehr teuer werden (siehe dazu auch »Pannenhilfe«, »Notfallreparaturen« auf Seite 23) und Sie werden unter Umständen bald feststellen, daß das neue Modell genau dieselben Schwachstellen und Mängel besitzt wie das alte. Da liegt es nahe, sich einmal über die eigenen Fahrfehler Gedanken zu machen.

Optionale Zusatzausstattung und Zubehör

Zahlreiche nicht-serienmäßige Komfortelemente und diverse Accessoires können jederzeit gegen Aufpreis in Ihr Modell integriert werden. Bitte beachten Sie, daß davon zumeist der Treibstoffverbrauch in die Höhe getrieben wird, überlegen Sie also, ob sich die Anschaffung wirklich lohnt.

Passagiere: Die Mitnahme kleiner Passagiere macht die Reise in Ihrer neuen EHE unter Umständen unterhaltsam und überaus reizvoll. Gleichzeitig erhöht sich der Treibstoffverbrauch (Liebe/Kohle), steigt die Lärmbelästigung mitunter ins Unerträgliche und wächst die Gefahr einer raschen Abnutzung und Verschmutzung der ursprünglich so komfortabel ausgestatteten Fahrgastzelle. Wir empfehlen daher dringend, eine eventuelle Überladung mit kleinen Passagieren zu vermeiden.

Bitte beachten Sie: Aufgrund der hohen Nachfrage und von Engpässen in der Herstellung haben kleine Passagiere derzeitig eine Lieferfrist von mindestens neun Monaten.

Dachgepäckträger: Diese optionale Sonderausstattung erlaubt es Ihnen, ungeheure Gepäckmengen (Teppiche, Kühlschränke, Drei-Zimmer-Wohnungen usw.) zu transportieren. beachten Sie bitte, daß die Montagekosten sehr hoch sein können und die spätere Demontage sich als überaus kompliziert erweisen kann, wenn etwa die Immobilienpreise fallen. Die Folgen für den Treibstoffverbrauch sollten Ihnen auch klar sein.

Anhänger und Beiwagen: Der Gebrauch von Anhängern oder anderen Beiwagen kann zwar äußerst schick aussehen, wird jedoch die Fahrtüchtigkeit Ihrer neuen EHE unweigerlich beeinträchtigen. Tatsächlich wird die Verwendung solcher Zusatzfahrzeuge die Fahrkosten in die Höhe treiben und zu ernsthaften Reibungen zwischen den beiden Komponenten Ihrer EHE führen. Sollten Sie glauben, daß die Anbringungen solcher optionalen Gefährte Ihnen dazu verhilft, tief eingegrabenen Fahrspuren zu entkommen, bedenken Sie bitte stets, daß Sie auch auf höchst unwegsames Gelände geraten können.

Die Montage ist allerdings kinderleicht und kann von jedem unbegabten Heimwerker mit simpelstem Werkzeug im Handumdrehen erledigt werden. Die Demontage ist allerdings, sollten sich die hohen Betriebskosten als übergroße Belastung erweisen, ungleich komplizierter. Beachten Sie, daß unsachgemäße Montage irreparable Schäden an Ihrer neuen EHE nach sich ziehen kann. Bei fachmännischer Installation sollte dieses optional erhältliche Accessoire unauffällig und sowohl von innen wie von außen unsichtbar sein. Wenn Sie's auf dem Dach oder direkt auf der Motorhaube plazieren, bekommen Sie garantiert Ärger.

Regelmäßige Pflege und Wartung

Regelmäßige Pflege und sorgfältige Wartung sind für den reibungslosen Betrieb Ihrer EHE unverzichtbar, und die Vernachlässigung der empfohlenen Service-Arbeiten erhöht unweigerlich die Pannenanfälligkeit. Hier Zeit zu sparen, heißt am falschen Ende sparen, denn Nachlässigkeit führt in den meisten Fällen dazu, daß Sie später noch mehr Zeit für komplizierte Reparaturmaßnahmen benötigen.

Hinweis: Wir empfehlen dringend, mindestens einmal jährlich oder mindestens nach 10 000 km Laufleistung eine bewährte Service-Station (Hotel) aufzusuchen und einen intensiven Check (EHE-TÜV) aller EHE-Funktionen durchzuführen (siehe dazu auch Jahres-Service-Check auf Seite 19).

Service-Check der Hauptkomponenten:
1) Sie sollten in regelmäßigen Abständen überprüfen, ob wirklich auch beide Komponenten (Mann/Frau) noch vorhanden sind, und der eine oder andere nicht längst ausgefallen ist.
2) Beugen Sie Abnutzungserscheinungen vor, besonders wenn Sie kleine Passagiere in Ihrer EHE mitführen. Abgenutzte Teile sind ein häufig auftretendes Problem und eine der gängigsten Ursachen für schwerwiegende Pannen.
Ersatzteile: Siehe dazu »Pannenhilfe« und «Reparaturen» auf Seite 23.

Treibstoffempfehlung: Ihre neue EHE läuft am besten mit einer hochraffinierten Mischung aus unverdünnter Liebe und reichlich Kohle. Wenn die Zusammensetzung nicht 100prozentig stimmt, kommt es zu Aussetzern und Problemen beim Gasgeben. Achten Sie auf qualitativ hochwertige Treibstoffe und erwarten Sie nicht, daß Ihre EHE mit leerem Tank läuft.

Schmiermittel: Regelmäßige Verwendung von hochwertigen Schmiermitteln reduziert die Abnutzung tragender Teile und verhindert unnötige Reibung. Schmierstoffe sind besonders wichtig, wenn die EHE-Komponenten außergewöhnlichen Belastungen ausgesetzt sind (vergleiche dazu »Kleine Passagiere« auf Seite 12). Wir empfehlen folgende Schmierstoffe: Multigrade Sexomatic Leichtlauf-Öl mit 100 % Kuschelfaktor sowie ab und an ein lustvolles Besäufnis.

Warnung! Achten Sie beim Besäufnis auf die Dosis; regelmäßige Überdosierung kann einen nachteiligen Effekt auf die Leichtlaufeigenschaften Ihrer EHE nach sich ziehen. Beachten Sie hingegen, daß eine Überdosierung mit Multigrade Sexomatic unmöglich ist.

Luftdruck: Versuchen Sie, den Druck in Ihrer neuen EHE so gering wie möglich zu halten, und vermeiden Sie unbedingt, bei Streitigkeiten, wohin die Reise gehen soll, Druck auf Ihren Beifahrer auszuüben (siehe dazu auch »Regulierung und Feinabstimmung« in diesem Kapitel). Beachten Sie auch, daß der Druck bei Überlastung und Vollgasfahren gefährlich zunimmt (siehe dazu auch »Kleine Passagiere«, »Dachgepäckträger«, »Anhänger und Beiwagen«, »Beschleunigung«).

Überdruck-Warnung! Versuchen Sie, das unnötige Aufblasen von persönlichen Problemen, Mißstimmungen und Mißverständnissen zu vermeiden. Dies kann ernsthafte Probleme der Langzeit-Fahrtüchtigkeit Ihrer EHE nach sich ziehen.

Motor-Temperatur: Wenn Ihre EHE nicht ruhig läuft oder überladen ist (siehe dazu »Kleine Passagiere« auf Seite 12), kann dies zu plötzlichem Temperaturanstieg führen (dies kann auch durch Mängel im Drucksystem hervorgerufen werden, siehe oben). Regelmäßige Verwendung von Schmiermitteln reduziert die Reibung und kann so dazu beitragen, plötzliche Temperaturschwankungen zu vermeiden. Beachten Sie, daß sich bei Frost und Eis Multigrade Sexomatic (siehe dazu »Schmiermittel«) als Vielzweckmittel erwiesen hat, Treibstoff und Frostschutz zugleich, und Sie damit die Dinge etwas auftauen. Die regelmäßige Anwendung des Sex-Drive-Systems sollte darüber hinaus für die nötige Wärmezufuhr sorgen und die Betriebstemperatur im optimalen Bereich halten.

Aufladen der Batterie: Überprüfen Sie regelmäßig die Funktionstüchtigkeit Ihrer Batterie und laden Sie sie gegebenenfalls so oft wie möglich bei den dafür vorgesehenen Service-Stationen/Hotels auf. Beachten Sie, daß die Batterien sich sehr rasch entladen, wenn Ihre EHE einer Dauerbelastung durch kleine Passagiere ausgesetzt ist (siehe Seite 12). Leere Batterien sind auch die häufige Ursache für unregelmäßige und vollständig aussetzende Zündung (siehe dazu auch »Sex-Drive-System«).

Sex-Drive-System: Unter Verwendung der serienmäßig in die beiden Hauptkomponenten eingebauten Instrumente (oder zusätzlichen Hilfsmittel je nach Lust und Bedarf) sollten Sie diese lebenswichtige Einrichtung so oft wie möglich nutzen, wann immer Sie und Ihr Beifahrer sich danach fühlen – manuell, oral oder auf welche Weise immer Sie mögen, solange Sie nicht das ganze Haus aufwecken und Ihre Haustiere in Angst und Schrecken versetzen.

Regulierung und Feinabstimmung: Bei längerer Betriebszeit werden Sie feststellen, daß Regulierung und Feinabstimmung immerzu notwendig sind, um sicheren Gleichlauf Ihrer neuen EHE zu gewährleisten.

Bitte beachten Sie, daß Sie und Ihr Beifahrer jeweils eigenständig die notwendige Feinabstimmung vornehmen; forcieren Sie nichts, vermeiden Sie unbedingt übertriebenen Kraftaufwand und ziehen Sie die Schrauben nicht zu fest an (siehe dazu auch »Luftdruck«).

Bruchstellen-Check: Dieser Test ist regelmäßig notwendig, um sicherzustellen, daß keine gefährlichen Bruchstellen zwischen den beiden Hauptkomponenten (Mann/Frau) entstanden sind, infolge von dauernder Reibung und Überdruck. Versuchen Sie gegebenenfalls, durch Löten und Feinabstimmung die Bruchstellen zu kitten (siehe dazu auch »Treibstoffe«, »Sex-Drive-System« und »Feinabstimmung«).

Timing: Sie werden häufig feststellen, daß Ihr Timing besser sein könnte. Dieser Mangel kann leider nur durch Erfahrung und dauernde Versuch-und-Irrtum-Prozeduren korrigiert werden, versuchen Sie aber, behutsam den richtigen Zeitpunkt zu finden (siehe dazu auch »Sex-Drive-System«).

Umweltverträglichkeit: Ihre neue EHE sollte vergleichsweise schmutzfrei und umweltfreundlich sein. Dennoch ist ab und zu ein bißchen Abgas unvermeidlich, besonders wenn Ihre neue EHE mal nicht ruhig läuft und während Pannen. Regelmäßige Pflege wird diese Abgasemission auf ein Minimum reduzieren und den Einbau eines Katalysators überflüssig machen. Sehr kleine Passagiere können hingegen ein ernsthaftes Umweltproblem darstellen, dies vor allem in Form von austretenden aggressiv-giftigen Dämpfen, gegen die Sie jedoch ganz und gar nichts tun können (siehe dazu auch »Ihr neues Baby – Eine Gebrauchsanleitung«, in der gleichen Reihe wie dieses Handbuch erschienen).

Beachten Sie bitte auch, daß extrem laute Betriebsgeräusche (unvermeidlich bei Pannen und beim Transport kleiner Passagiere) für Ihre Nachbarn eine hohe Lärmbelästigung bedeuten können.

Lackpflege: Gönnen Sie Ihrer neuen EHE von Zeit zu Zeit mal eine Reinigung mit einem feuchten Lappen oder Schwamm. Doch ist das äußere Erscheinungsbild nur von zweitrangiger Bedeutung; obsessives Wachsen, Polieren, Neu-Lackieren und Staubsaugen ist nicht zu empfehlen (besonders dann, wenn wegen dieser oberflächlichen Schönheitspflege die weitaus notwendigeren Wartungs- und Pflegearbeiten vernachlässigt werden).

Bequemlichkeit und Instandhaltung: Nach der Lektüre dieses Kapitels werden Sie möglicherweise das Gefühl haben, daß Wartung und Instandhaltung sowie die Beachtung aller Fahrhinweise zahlreiche Unbequemlichkeiten und Mühen mit sich bringt. Genauso isses! Sie können sich die Arbeit ein bißchen erleichtern, wenn Sie wirklich beide (Mann/Frau) alle Arbeiten übernehmen, besonders beim Transport kleiner Passagiere.

Jahres-Service-Check-Liste:
Die ersten 3 Jahre/30 000 Kilometer

Service-Periode	Hochzeitsreise	1. Hochzeitstag (10 000 km)	2. Hochzeitstag (20 000 km)	3. Hochzeitstag (30 000 km)
Service-Station (Hotel)				
♡-Level	Normal ☐ Niedrig ☐	Normal ☐ Niedrig ☐	Normal ☐ Niedrig ☐	Normal ☐ Niedrig ☐
Euro-Level	Hoch ☐ Niedrig ☐ Ach du Scheiße! ☐	Hoch ☐ Niedrig ☐ Ach du Scheiße! ☐	Hoch ☐ Niedrig ☐ Ach du Scheiße! ☐	Hoch ☐ Niedrig ☐ Ach du Scheiße! ☐
Sex-Drive	Hoch ☐ Niedrig ☐ Wasn das? ☐	Hoch ☐ Niedrig ☐ Wasn das? ☐	Hoch ☐ Niedrig ☐ Wasn das? ☐	Hoch ☐ Niedrig ☐ Wasn das? ☐
Passagiere (Kinder)	1 ☐ 2 ☐	1 ☐ 2 ☐ 3 ☐	1 ☐ 2 ☐ 3 ☐ 4 ☐	1 ☐ 2 ☐ 3 ☐ 4 ☐ 5 ☐
Batteriespannung	Hoch ☐ Niedrig ☐ Leer ☐	Hoch ☐ Niedrig ☐ Leer ☐	Hoch ☐ Niedrig ☐ Leer ☐	Hoch ☐ Niedrig ☐ Leer ☐
EHE-TÜV	Bestanden ☐ Nicht bestanden ☐	Bestanden ☐ Nicht bestanden ☐	Bestanden ☐ Nicht bestanden ☐	Bestanden ☐ Nicht bestanden ☐

Fehler-Diagnose

Mängel in Ihrer Ehe zu finden ist ganz einfach. Die Schwierigkeit ist, etwas dagegen zu tun (siehe dazu auch »Regelmäßige Instandhaltung und Wartung«, »Pannenhilfe«). Aber Sie können keinen Mangel beseitigen, den Sie gar nicht kennen. Die folgende Mängel-Liste soll Ihnen helfen, häufig auftretende Probleme und kleinere Defekte zu erkennen und gegebenenfalls zu beheben, bevor sie zu ernsthaften Beeinträchtigungen der Fahreigenschaften und Pannen führen.

Betriebsstörungen und Korrekturen

Ehe springt nicht an: Überprüfen Sie, ob wirklich beide Komponenten (Mann/Frau) vorhanden sind. Überprüfen Sie die Treibstoffversorgung (Herz und Euro). Überprüfen Sie das Sex-Drive-System (siehe dazu Seite 11).

Ehe springt an, läuft jedoch nur ruckweise und geht immer wieder aus: Überprüfen Sie, ob Sie immer noch beide Komponenten haben. Überprüfen Sie den Ölstand (Seite 16). Überprüfen Sie, ob Sie oder Ihr Beifahrer einen Anhänger oder Beiwagen (Seite 13) angebracht haben, der den reibungslosen Normalbetrieb stört.

Ehe fährt in die falsche Richtung: Fuß vom Gas und unbedingt den Beifahrer konsultieren. Kontrollieren Sie Ihre Straßenkarten. Klären Sie, wer von Ihnen das Steuer führt oder ob Sie womöglich beide gleichzeitig steuern (beachten Sie dabei bitte, daß Ihre neue EHE mit einem dualen Lenksystem ausgestattet ist, siehe dazu Seite 7). Stellen Sie klar, wer von Ihnen die Karten liest und wer lenkt.

Extrem hohe Fahrtgeräusche: Diese sind vollkommen normal, besonders während des Transports von kleinen Passagieren (Seite 12). Hingegen kann exzessiver Lärm (Schreien, Kreischen, Heulen usw.), hervorgerufen durch die anderen Passagiere, auf eine bevorstehende Panne hindeuten und eine rasche Reparatur notwendig machen.

Geräuschlose Fahrt: Ein Alarmsignal! Überprüfen Sie, ob beide Komponenten (Mann/Frau) vorhanden sind und mit den kleinen Passagieren alles in Ordnung ist. Halten Sie während dieser Überprüfung mal für 'nen Moment Ihre Klappe.

Knack-Geräusche: Sollte Ihr Beifahrer Sie bei längerer Fahrtdauer beknackt finden, Sie andauernd kritisieren, an Ihrer Fahrweise herumnörgeln und beleidigen, sind dies ebenfalls äußerst bedenkliche Alarmsignale (wenn sonst gar nichts mehr hilft, könnte ein unmißverständlicher Klaps mit einem Schraubenschlüssel die letzte Rettung sein; siehe ansonsten auch »Pannenhilfe« auf Seite 23).

Rumpeln: Sollten Sie störendes Rumpeln und Grollen innerhalb Ihrer EHE bemerken, ist es am besten, langsam zu fahren und sehr gut zuzuhören.

Hoher Treibstoffverbrauch: Ihre EHE könnte überladen sein. Überprüfen Sie die Anzahl der kleinen Passagiere (Seite 12, siehe dazu auch »Kindersicherung« auf Seite 10). Überprüfen Sie den Dachgepäckträger (Seite 13) und die möglichen Beiwagen und Anhänger. Vermeiden Sie hohe Geschwindigkeiten.

Mängel-Liste

Kreuzen Sie die Mängel Ihres Beifahrers (Ehe-Partners) auf der folgenden Liste an und lassen Sie die Liste irgendwo auffällig liegen, wo er/sie mit der Nase drauf stößt. Kennzeichnen Sie die besonders störenden Mängel mit einem »!«

Die herausragendsten und nervtötendsten Fehler meines Partners:

Schnarcht wie ein Walross	Furzt im Bett	Schläft direkt danach sofort ein
Ißt wie ein Schwein	Drückt beim Frühstück Pickel aus	Schläft schon dabei ein
Geruchsbelästigung durch Achselnässe/Fußschweiß	Will fünf Kinder	Trinkt maßlos
	Will auf keinen Fall fünf Kinder	Mault mit mir rum, wenn ich was trinke
Hat chronische Haarschuppen	Mischt sich in alles ein	Drückt sich vor der Hausarbeit
Spricht nicht	Interessiert sich nicht für mein Leben	Kümmert sich nicht um die Kinder
Denkt nie nach	Ist ein Jammerlappen	Meine Güte, wie konnt' ich mich nur mit so einer Trantüte einlassen?
Ist ein fauler Sack	Macht dauernd andere Männer/Frauen/Haustiere/unbelebte Gegenstände an	
Ist ein langweiliger Sesselfurzer		Andere nervtötende Eigenschaften, Angewohnheiten und widerliche Unarten (bitte detailliert beschreiben)
Ist dumm wie Brot	Kümmert sich bloß um sich	
Bohrt in der Nase	Kümmert sich nie um mich	

Verhalten bei Unfällen und Pannenhilfe

Sofern Sie die hier empfohlenen Wartungsarbeiten regelmäßig und sorgfältig durchführen, wird Ihre neue EHE nur selten kostspielige Reparaturen benötigen. Nichtsdestoweniger sollten Sie stets gut vorbereitet und für den Notfall gerüstet sein, wenn es infolge von Materialabnutzung oder wegen der Nichtbeachtung der Alarmsignale zum Zusammenbruch aller Systeme, d. h. zu einer klassischen Panne kommt.

Warnlichter: Diese sollten sofort aufblinken, wenn eines der folgenden Probleme registriert wird (weitere Einzelheiten weiter unten):
- ♡-Tank leer
- Multigrade Sexomatic ausgetrocknet
- Sex-Drive-System blockiert (oder nur noch funktionstüchtig mit Beiwagen oder Anhänger)
- Zu hohe Temperatur (gefährlich rapider Anstieg)
- Extrem laute Fahrgeräusche (besonders andauernde Schreie: »Stopp! Ich will hier raus!«)

Was im Notfall zu tun ist: Sollte Ihre EHE noch nicht vollkommen zum Stillstand gekomen sein, fahren Sie ganz langsam zu einer Werkstatt/Hotel und machen Sie dort einen Rundum-Check. Oder melden Sie sich bei einer bewährten EHE-Fahrschule an.

Bleibt Ihre EHE plötzlich nach Zusammenbruch aller Systeme stehen, sollten Sie so schnell und so umsichtig wie möglich die folgenden Schritte unternehmen:

(A) Stellen Sie möglichst sichtbar Warnschilder auf, damit andere EHE-Halter nicht in Sie hineinrasen (besonders dann, wenn sie schon Probleme mit ihrer eigenen EHE haben und ihnen eine Massenkarambolage gerade noch zu ihrem Glück fehlt).

Beim Aufstellen der Warnschilder ist wie folgt vorzugehen: Jammern, stöhnen, klagen, attackieren, schmollen, keifen; kreischen Sie, beschweren Sie sich unaufhörlich bei Freunden, Kollegen und Verwandten über Ihren Partner, geben Sie allen außer sich selbst die Schuld, besaufen Sie sich, gehen Sie zum Angriff über, gehen Sie zu weit, gehen Sie niemals in sich, gehen Sie Ihrem Partner systematisch auf die Nerven, gehen Sie zum Anwalt (Reihenfolge muß nicht unbedingt eingehalten werden).

(B) MACHEN SIE AUF SICH AUFMERKSAM und HOLEN SIE HILFE. Dabei gehen Sie in etwa wie beim Aufstellen der Warnhinweise vor, was leider häufig auch denselben Effekt hat: Also wundern Sie sich nicht, wenn andere EHE-Halter zügig Ihr Wrack umfahren und sich keine Hand zur Hilfe rührt. Rufen Sie lieber einen EHE-Abschleppdienst an.

Hinweis: Ist Ihr EHE-Fahrzeug vollkommen fahruntauglich, möchten Sie wahrscheinlich so schnell wie möglich aussteigen und sich die Beine ein bißchen vertreten. In diesem Fall ist es ratsam, sich mit dem Beifahrer für später beim Abschleppdienst zu verabreden, um dort dann in Ruhe über den entstandenen Schaden und die möglichen Reparaturmaßnahmen oder die unumgängliche Verschrottung zu beraten.

Schnell-Reparaturen im Notfall

Warnung! Bei Motorüberhitzung: Wenn die Kühlwasser-Temperatur in Ihrer EHE kurz vor dem kompletten System-Ausfall gefährlich angestiegen war, sollten Sie unbedingt warten, bis die Temperatur etwas gesunken ist, ehe Sie sich an die Reparatur wagen – andernfalls werden Sie sich garantiert die Finger verbrennen!

Notstarten: In einem Notfall empfiehlt sich die folgende grundsätzliche Verhaltensweise, um Ihre EHE erst mal aus der Gefahrenzone (Böschung, Randstreifen usw.) herauszubekommen (vergessen Sie aber die aufwendigeren Reparaturen später nicht!):
1) Reden
2) Zuhören
3) Tun Sie was!

Werkzeuge für den Notfall: Wir empfehlen dringend die Mitführung der folgenden Werkzeug-Grundausstattung, die Sie stets griffbereit haben sollten und mit deren Gebrauch Sie sich bei den regelmäßigen Wartungsarbeiten vertraut machen sollten:
Toleranz, Geduld, Verständnis, Großherzigkeit, Geradlinigkeit, Humor, verständnisvolle Freunde und Verwandte, Blumen, viel Liebe (siehe dazu auch »Schmiemittel« auf Seite 16), ein offenes Ohr, eine Schulter zum Ausweinen.

Der **Gebrauch** dieser Notfall-Werkzeuge muß sicher nicht eigens erläutert werden. Sollten Sie hingegen nicht einmal mit dieser Grundausstattung vertraut sein, wenden Sie sich bitte umgehend an einen Experten (siehe dazu EHE-Fahrschule weiter oben in diesem Kapitel). Selbst dann, wenn Sie ein enthusiastischer Heimwerker und Do-it-yourself-Freak sind, raten wir dringend, den Rat eines Fachmannes einzuholen und mit ihm eine sorgfältige Fehler-Diagnose durchzuführen. Unsachgemäß ausgeführte Reparaturen können sich bitter rächen.

Hinweis: Sie werden bei der Reparatur Ihrer EHE Ellenbogenfreiheit brauchen. Versuchen Sie, sich gegenseitig genügend Raum zu lassen.

Ersatzteile: Aufgrund von Produktions- und Vertriebsproblemen können wir dem Wunsch nach brandneuen und reibungslos funktionierenden Ersatzteilen für die alten Komponenten (Mann/Frau) leider nicht zur vollsten Zufriedenheit unserer Kunden nachkommen. Unter Umständen werden Sie sich mit einer Austausch-Komponente zweiter Wahl zufriedengeben müssen, die in zahlreichen Fällen bald dieselbe Fehleranfälligkeit aufweist wie das Originalteil.

Aus diesem Grund empfehlen wir, die Original-Komponenten so lang wie irgend möglich zu verwenden. Beachten Sie, daß regelmäßige Wartung und Instandhaltung Ihrer EHE einen Austausch in aller Regel unnötig macht. Nach einem Unfall mit Totalschaden ist es unter Umständen noch immer denkbar, die alten Originalteile ausgebeult und zusammengelötet noch einmal zu verwenden.

Auswechseln eines EHE-Partners
1) Bett aufbocken
2) Alten Partner entfernen
3) Neuen Partner montieren und Bett absenken

Verschrotten Ihrer EHE
Wir empfehlen, vor dem Verschrotten einen erfahrenen EHE-Mechaniker zu konsultieren und ihn bestätigen zu lassen, daß Ihre EHE ein irreparabler Totalschaden ist, bevor Sie einen Schrotthändler/Anwalt aufsuchen.

Hinweis: Erwarten Sie nicht, daß der Schrotthändler/Anwalt Ihnen irgend etwas für den Schrottwert Ihrer EHE zahlt. Vielmehr wird die Verschrottung Sie ein Vermögen kosten, besonders dann, wenn Unterhaltsansprüche und Zugewinn strittig sind und Ihre EHE in einem langwierigen Verfahren auseinandergeschweißt werden muß.

Technische Daten Ihrer neuen EHE

Treibstoff und durchschnittlicher Verbrauch:
Hochraffiniertes ♡ und Kohle: variabler Verbrauch, abhängig von Fahrstil und Ladung (siehe dazu empfohlene Maximal-Last)

Empfohlene Schmiermittel (mit Mengenangaben):
Multigrade Sexomatic (Füllmenge beliebig hoch)
Lustvolles gemeinsames Besäufnis (hier ist eine behutsame Dosierung ratsam)

Empfohlene Maximal-Last:
Fahrer: 2; Kleine Passagiere: 2,5; Rücksitzfahrer: 0

Pannenanfälligkeit in den ersten zehn Jahren:
Unter normalen Fahrbedingungen: 40 % (offiziell)
Bei Mitführung von kleinen Passagieren: 40 % – 100 % (je nach Anzahl)
Nach Anbringung eines optionalen Beiwagens/Anhängers: 99 % – 100 %

Normale Lebenserwartung:
Siehe dazu »Pannenanfälligkeit in den ersten zehn Jahren«

Schadstoff-Kontrolle:
Serienmäßig nicht vorhanden. Etwas Abgas und Krach sind normal und unumgänglich (besonders bei Mitführung kleiner Passagiere)

Hinweis: Ihre neue EHE sollte auf keinen Fall die Luft mit Blei verschmutzen (es sei denn, einer der beiden Fahrer hat unglücklicherweise während einer Notfall-Situation ein Gewehr zur Hand).

Teil 2: Ihre Frau

Grundlegende Merkmale

Nehmen Sie sich Zeit, um sich mit den grundlegenden Ausstattungs- und Betriebsmerkmalen Ihrer neuen Frau vertraut zu machen, bevor Sie Ihr neues Modell in Betrieb nehmen. Versäumen Sie am Anfang die ausführliche Kenntnisnahme mit den grundlegenden weiblichen Merkmalen, wird dies später mit Sicherheit schwerwiegende Probleme nach sich ziehen.

 Gehirn: Vergessen Sie nie (wir betonen: Niemals!), daß Ihre Frau über eines verfügt, und behandeln Sie sie kein einziges Mal so, als ob sie keines hätte. Dieser Fehler ist unter ungeübten »Frauen-Haltern« (ja selbst unter Fachmännern!) leider allzu häufig anzutreffen, und die Konsequenzen sind in der Regel grauenhaft.

 Mund: Um alles in der Welt: Hören Sie ihr zu! Die sorgfältige Auswertung des weiblichen Daten-Outputs erhöht die Vorwarnzeit, wenn mal alles schiefläuft. Schalten Sie also nicht einfach ab, wenn der Daten-Output auf Hochtouren läuft!

(C) Ohren: Wenn's mal nicht so gut läuft, ist das der beste Ort für Ihren Daten-Input und Aussagen über Ihre Probleme. Vergessen Sie nicht: Schmollen oder totale Kommunikationsverweigerung nützt bei Frauen überhaupt nichts.

(D) Knie: Wissenschaftlich als Eier-Zurechtrücker bezeichnet. Achten Sie stets auf dieses hocheffiziente Instrument, besonders in Krisenzeiten. Das Knie gilt als überaus nützlicher, leider auch sehr schmerzvoller Indikator für alle Probleme im Umgang mit Ihrer Frau.

(E) Schere: Gebräuchlicher Haushaltsgegenstand für alle Gelegenheiten, leider auch einsetzbar, um Ihre Anzüge und Krawatten in kleinste Schnipsel zu zerlegen (siehe dazu auch weiter unten die Kapitel »Simultanbetrieb von mehr als einer Frau« und »Umtausch Ihrer Frau gegen ein neues Modell«).

(F) Nette rundliche Weich-Teile: Warnung: Achten Sie bitte stets darauf, diese Teile bei einer noch unbekannten Frau unbedingt zu meiden! Also Finger weg, bis Sie eine unmißverständliche Aufforderung/Einwilligungserklärung erhalten.

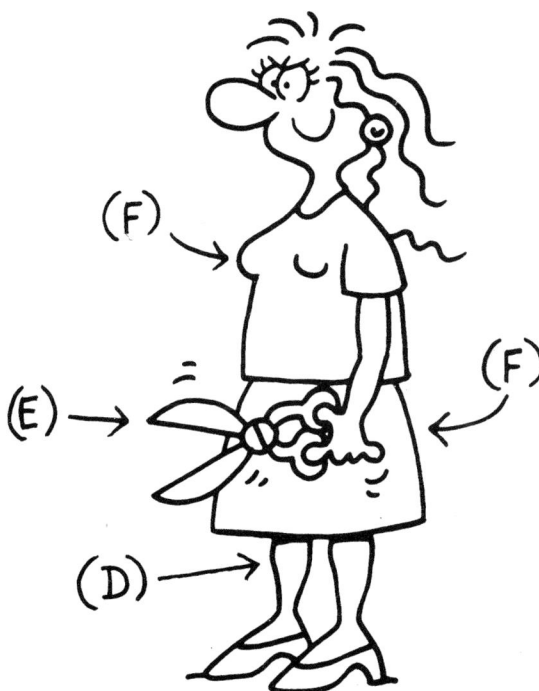

Treibstoffzufuhr

Die meisten weiblichen Modelle funktionieren reibungslos, wenn sie mit mindestes einer der hier vorgestellten Treibstoffsorten versorgt werden. Ja, bei vielen Frauen kann der Normalbetrieb mühelos mit beiden Treibstoffsorten gleichzeitig aufrechterhalten werden.

TREIBSTOFFTYP A:

TREIBSTOFFTYP B:

Funktion der Kontrolleinheit

WARNUNG! Infolge einer jahrhundertelangen Überbeanspruchung und exzessiver Kontrollersuche männlicher »Frauen-Halter« sind in jüngster Zeit bei der Programmierung der meisten Frauen zahlreiche Probleme aufgetreten, so daß sich die folgenden Kommandos als wenig wirkungsvoll erwiesen haben:

(Hinweis des Herausgebers: Für eventuell auftretende körperliche Schäden und schwere Verletzungen von männlichen »Frauen-Haltern«, die gegen unseren wohlmeinenden Rat mit den veralteten Kommandos operieren, können wir auf keinen Fall in Haftung genommen werden.)

– Ich hab immer noch die Hosen an!
– Ich will mein Essen jetzt, und zwar ein bißchen plötzlich!
– Maul halten, Baby!
– Verzieh dich in die Küche!
– Nur ein bißchen dran saugen, bitte!

Wahl des richtigen Standorts

Installation der Frau als lebendes Haushaltsgerät, als billige Putzmamsell und Dauerköchin.

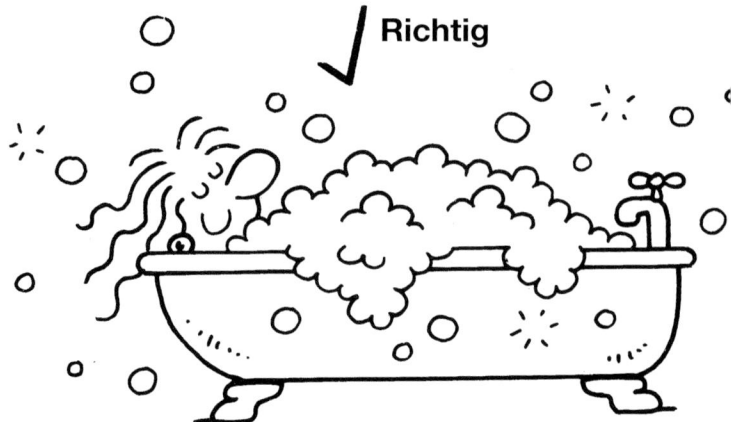

Installation als wesentlicher Bestandteil Ihrer Badewanne.

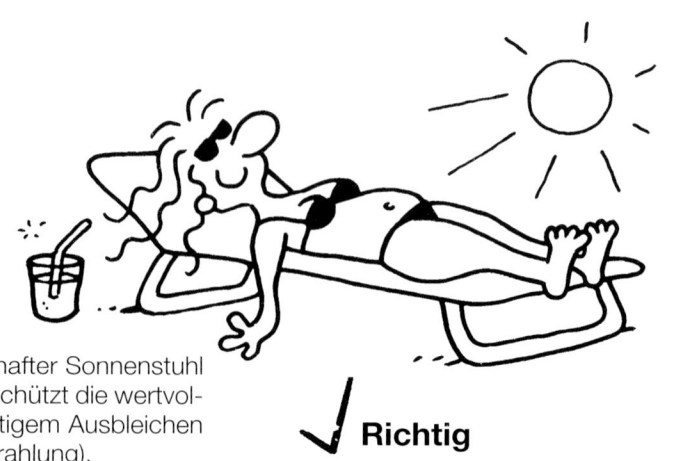

Installation als dauerhafter Sonnenstuhl für Ihren Liegestuhl (schützt die wertvollen Fasern vor vorzeitigem Ausbleichen durch ultraviolette Strahlung).

Empfohlene Position für Dauerbetrieb

✗ **Falsch**

DEN-GANZEN-TAG-AUF-DEN-BEINEN-Position

✓ **Richtig**

ALLE-VIERE-VON-SICH-STRECKEN-Position

✓ **Richtig**

KLEINES-NICKERCHEN-Position

Typische Betriebsstörungen

Groll: Sollten Sie feststellen, daß Ihre Frau während des Normalbetriebs häufig in den Groll-Modus verfällt, ist dies einer der signifikantesten Indikatoren für ein schwerwiegendes Problem.

EMPFOHLENE GEGENMASSNAHMEN:

1) Reden Sie mit Ihrer Frau
2) Hören Sie Ihrer Frau zu
3) Wiederholen Sie die Schritte 1) und 2), bis Sie die Störung behoben haben.

NOTFALLKOFFER SOLLTE BEINHALTEN:

BLUMEN

BELGISCHE LUXUSPRALINEN

ROMANTISCHER WOCHENEND-TRIP NACH PARIS

Prämenstruelles Syndrom (PMS):
Warnung! Auch wenn Sie ganz deutlich das Gefühl haben, daß ein Teil der in zyklischen Abständen wiederkehrenden Betriebsstörungen bei Ihrer Frau in allererster Linie auf das PMS zurückzuführen ist, raten wir entschieden davon ab (zu Ihrer eigenen Sicherheit!), Ihr diese Diagnose mitzuteilen.

Sollten Sie es sich hingegen nicht verkneifen können, diese Fehler-Diagnose Ihrer Frau gegenüber zu äußern, wird Sie Ihre Frau lautstark und unüberhörbar mit Ihrer eigenen Fehler-Diagnose konfrontieren:

Ihre Beziehung in der Krise:

Sollte die Beziehung zu Ihrer Frau in eine ernsthafte Krise geraten oder sogar eine Trennung bevorstehen, sollten Sie unbedingt die Hilfe kompetenter Experten in Anspruch nehmen.

Sex-Modus-Kontrollpunkte

Sie werden (gibt man Ihnen nur lang genug Zeit) entdecken, daß Ihr weibliches Modell über eine verwirrende Vielzahl an Sex-Modus-Kontrollpunkten verfügt, besser bekannt als Erogene Zonen.

Für den durchschnittlichen männlichen »Frauen-Halter« stellt das Auffinden dieser Kontrollpunkte häufig ein schier unüberwindliches Problem dar; ganz zu schweigen davon, daß er nicht weiß, was er mit ihnen anfangen soll.

Dennoch ist es nach unseren Erfahrungen unumgänglich, die Körperzonen a) korrekt zu identifizieren und b) entsprechend zu stimulieren, um die Vorspiel-Prozeduren erfolgreich zu bewältigen und den Sex-Modus zufriedenstellend in Gang zu setzen.

Männliche Sex-Modus-Kontrollpunkte
(Erogene Zonen)

Weibliche Sex-Modus-Kontrollpunkte
(Erogene Zonen)

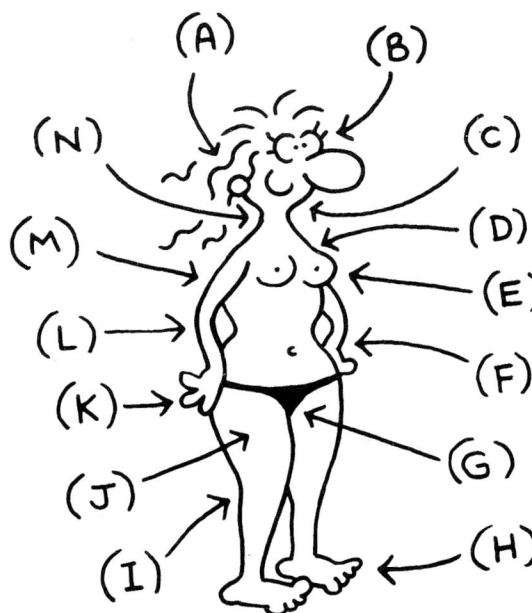

Schwangerschafts-Modus

Ein überaus aufregender und unterhaltsamer Betriebsmodus, den Sie und Ihre Frau in vollen Zügen genießen und bis in alle Ewigkeit als Ihre schönste und intensivste gemeinsame Erfahrung in Erinnerung behalten werden.

Achten Sie auf die folgenden angenehmen Begleiterscheinungen dieses beliebten Betriebs-Modus:

- Übelkeit am Morgen
- Plötzliche hormonell bedingte Stimmungsschwankungen
- Übelkeit am Nachmittag
- Chronische Müdigkeit und Gereiztheit
- Übelkeit am Abend
- Chronische Rückenschmerzen und geschwollene Knöchel
- Dehnungsfalten, Krampfadern und Muskelschmerzen
- Riesige Brüste (aber viel zu schmerzempfindlich, um sie zu berühren, sorry!)

WIE SIE DEN SCHWANGERSCHAFTS-MODUS IN GANG SETZEN:
Äh tja ... schlagen Sie unter Sex-Modus nach!

WIE SIE DEN SCHWANGERSCHAFTS-MODUS VERHINDERN:

Geburts-Modus

Ein überaus aufregender und unterhaltsamer Betriebsmodus, den Sie und Ihre Frau in vollen Zügen genießen und bis in alle Ewigkeit ... usw. ... usw. ...

Die wichtigsten überaus angenehmen Begleiterscheinungen dieses Modus:

– Sie können dabei zusehen, wie Ihre süße Frau sich in ein schreiendes Bündel verwandelt, das fluchend und kreischend versucht, eine riesige Wassermelone aus ihrem Bauch herauszupressen.

– Sie dürfen panisch darauf warten, daß endlich der Anästhesist aufkreuzt.

– Sie beten inständig, daß der Anästhesist überhaupt noch aufkreuzt.

Bewertung der Unterhaltsamkeit: Etwas unterhaltsamer als Glassplitter zu kauen (und für den männlichen Frauen-Eigner auch kein echter Spaß).

Erziehungs-Modus

Sie werden, nach einer gewissen Eingewöhnungsphase, den in alle weiblichen Modelle integrierten Erziehungs-Modus (besser bekannt als Nörgel-Modus) bald sehr zu schätzen wissen und täglich Ihren Horizont und Ihr praktisches Wissen erweitern können. Sie werden lernen:

- wie Sie den Toilettensitz herunterklappen
- wie Sie einen Wäschekorb erkennen und nutzen
- wie Sie sich einen Furz verkneifen, bis Sie außer Haus sind
- wie Sie komplizierte Haushaltsmaschinen wie Staubsauger, Waschmaschinen und Spülbecken perfekt bedienen.

Und vieles, vieles mehr ...

Regelmäßige Pflege und Inspektion

Regelmäßige Pflege und eine ständige Kontrolle der Problembereiche Ihres weiblichen Modells sind für den dauerhaften und fehlerarmen Normalbetrieb unerläßlich. So können Sie bereits im Vorfeld sich anbahnende Defekte beheben und die Abnutzungserscheinungen durch starken Dauerbetrieb in Grenzen halten.

Insbesondere hat es sich gezeigt, daß die meisten weiblichen Modelle, anders als viele männliche »Eigner« anfangs glauben, ganz und gar ungeeignet sind, nonstop und vollkommen auf sich gestellt im Haushalts-Modus, Kinderpflege-Modus und Sich-um-die-Rechnungen-kümmern-Modus zu operieren.

Sollten Sie Ihr Modell in den genannten Betriebsmodi über einen längeren Zeitraum laufen lassen, müssen Sie mit heftigen und lautstarken Fehlermeldungen wie der folgenden rechnen:

Jahresinspektion

Wir können gar nicht genug betonen, wie wichtig es für den störungsfreien Dauerbetrieb Ihrer Frau und eine reibungslose Beziehung ist, die alljährlich fällige Inspektion und Erneuerung der Grundlagen Ihrer Beziehung auf gar keinen Fall zu vergessen.

Achten Sie also bitte unbedingt darauf, sich das Fälligkeitsdatum in Ihrem Kalender einzutragen, Stichwort: Jahrestag. Und vergessen Sie auch nicht, für sich und Ihre Frau rechtzeitig einen Platz bei einem dafür geeigneten Service-Unternehmen (Restaurant, Fünf-Sterne-Hotel) zu reservieren.

DO-IT-YOURSELF-INSPEKTIONS-SET UND WERKZEUG FÜR KLEINERE REPARATUREN

Exklusive Kundendienstbetreuer

Ihre Frau wird es besonders zu schätzen wissen, wenn Sie sie von Zeit zu Zeit mit dem speziellen Service diverser Kundendienstbetreuer verwöhnen. Auf diese Weise erhöhen Sie die Betriebsdauer und Lauffreudigkeit der meisten weiblichen Modelle erheblich.

SPEZIELLE KUNDENDIENSTBETREUER / LUXUS-VERSION

Optional erhältliches Pflege-Zubehör

Wir empfehlen dringend, nach und nach das im folgenden aufgeführte optionale Zubehör zu erwerben. Es dient der Pflege Ihrer Frau und damit auch der Betriebsqualität und Dauerhaftigkeit Ihrer Beziehung.

Simultanbetrieb mehrerer weiblicher Modelle

VORSICHT! HOCHSPANNUNG! LEBENSGEFAHR!
Unter gar keinen Umständen können wir den lebensgefährlichen Versuch empfehlen (dem leider immer wieder unvorsichtige und unbedacht handelnde »Frauen-Halter« zum Opfer fallen), mehr als ein weibliches Modell gleichzeitig in Betrieb zu nehmen.

Der Datenaustausch zwischen weiblichen Modellen funktioniert selbst über größte Entfernungen (sie verfügen über ein für Männer undurchschaubares Netzwerk!) weitaus perfekter, als der Durchschnittsmann sich vorstellen kann (sie reden andauernd miteinander, Sie Schwachkopf!).

Sollten Sie dennoch mehr als eine Frau gleichzeitig betreiben, ist es unserer Erfahrung nach unausweichlich, daß früher oder später das Datenaustausch-Netzwerk der Frauen Ihren Simultan-Betrieb aufspürt. Eine oder mehrere Frauen werden dann unweigerlich direkt vor Ihnen explodieren oder, schlimmer noch, bis an die Zähne mit einschlägigen Waffen ausgerüstet zur Tat schreiten.

Wie Sie Ihre Frau gegen ein jüngeres Modell umtauschen

Hinweis: Der Autor dieses Ratgebers, Martin Baxendale, sah sich auf den bedenkenswerten und eindringlichen Rat seiner Gattin hin veranlaßt, seine ursprüngliche Konzeption dieses Kapitels zu verwerfen und die perfiden Tricks, mit denen er seine Geschlechtsgenossen beglücken wollte, für sich zu behalten.

Statt dessen sind Herr und Frau Baxendale übereingekommen, daß der folgende Hinweis über den Umtausch weitaus angebrachter ist:

»Laß es bleiben! Du machst dich doch bloß zum Deppen und endest als lächerlicher alternder Prahlhans, der früher oder später ausgelaugt und mit eingekniffenem Schwanz wieder angekrochen kommt!«

Darüber hinaus möchte Frau Baxendale noch hinzufügen, daß sie gerne bereit ist, allen, die entgegen diesem wohlmeinenden Rat ihre Frau gegen ein jüngeres Modell eintauschen wollen, eine kleine Kollektion jüngst geschossener Fotos zuzusenden, die detailliert die Verletzungen dokumentieren, die Herr Baxendale sich zuzog, als er ein einziges Mal so töricht war, einen Umtauschversuch zu wagen.

---

* Bitte beachten Sie: Ihre EHE ist außerdem das Produkt von mehr als einer Person. Versuchen Sie, das nie zu vergessen.